AF339562

48

Lb. 1196.

CINQUIÈME LETTRE

A MONSIEUR LE VICOMTE

DE

CHATEAUBRIAND,

PAIR DE FRANCE.

CORRESPONDANCE

PHILOSOPHIQUE,

PAR H. AZAÏS.

CINQUIÈME LETTRE.

A MONSIEUR LE VICOMTE

DE

CHATEAUBRIAND,

PAIR DE FRANCE.

A PARIS,

BIBLIOTHÈQUE ROYALE

CHEZ {
Alexis Eymery, Libraire, rue Mazarine, n° 30;
Béchet, Libraire, quai des Augustins, n° 57;
Delaunay, Corréard et l'Advocat, au Palais-Royal.

DE L'IMPRIMERIE DE DENUGON.

1819.

PRIX, 1 fr. Les cinq lettres réunies, PRIX, 5 fr.

A MONSIEUR LE VICOMTE

DE

CHATEAUBRIAND,

PAIR DE FRANCE.

Monsieur le Vicomte,

Vous venez d'exprimer fortement une
grande pensée ; vous venez de dire :
« L'époque où nous vivons est essentiel-
lement propre à l'histoire : placés entre

deux Empires, dont l'un finit et dont l'autre commence, nous pouvons porter également nos regards sur le passé et dans l'avenir; il reste encore assez de monumens de l'*Ordre antique* pour le bien connaître, tandis que les monumens de l'*ordre* qui s'élève, nous offrent, au milieu des ruines, le spectacle d'un nouvel univers. »

Dans ce passage très-remarquable, je n'ai changé qu'un mot pour le rendre encore plus vrai, plus frappant, plus correspondant à votre intention de nous montrer la plus vaste étendue. Vous ne compariez que l'*ancienne Moaarchie française* à la *Monarchie nouvelle*; c'est désormais toutes les choses anciennes qu'il faut comparer aux choses même qu'elles ont amenées; c'est du point de vue où la révolution nous a placés que, d'un même regard, nous pouvons embrasser le passé et l'avenir; c'est du sommet escarpé de la chaîne qui les sépare, que notre imagination, et encore plus notre raison, doivent

dominer, d'une part, sur l'Empire nébu-
leux des idées vagues et préparatoires; de
l'autre part sur l'Empire éclairé des idées
positives et complètes, sur l'Empire de la
vérité.

Personne mieux que vous, Monsieur,
n'aurait pu occuper ce poste éminent de
la pensée humaine; vous venez de le signaler d'une manière si judicieuse! on
voit que vous y avez passé. Pourquoi n'y
êtes-vous point resté? Pourquoi vous êtes-
vous hâté de redescendre vers le vieux
Empire? Pourquoi, au lieu de marcher
avec prudence vers la région des choses
qui s'élèvent, de guider les hommes sur
lesquels vous avez acquis de l'influence,
de retenir la jeunesse impétueuse, d'en-
courager la vieillesse, de calmer ses re-
grets, avez-vous préféré donner l'exemple
d'un mouvement inverse, et essayé d'en-
traîner à votre suite toute une génération
nouvelle, vers des lieux où vous-même ne
pourriez plus vivre, et qui, de jour en
jour, doivent devenir plus inhabités?

BIBLIOTHÈQUE IMPÉRIALE

De la part d'un homme tel que vous, Monsieur, tant d'inconséquence ne peut être qu'apparente, et servir de voile à des désirs entièrement opposés au but même que vous semblez envisager. L'inconséquence n'est le partage que des hommes médiocres ; mais les hommes supérieurs se laissent aller quelquefois jusques à concevoir des projets d'une exécution éloignée, difficile, tortueuse, qui les mettent trop souvent dans la nécessité pénible de manquer de franchise, et de déguiser leurs intentions. S'il est une chose évidente, c'est que, par vos inclinations, vos idées, vos principes réels et soutenus, vous appartenez aux générations nouvelles. Si, depuis 1815, vous vous êtes dévoué, par vos protestations, aux intérêts et aux opinions des générations passées, ce ne peut être que pour des motifs étrangers à vos dispositions intérieures ; l'expression de celles-ci vous échappe sans cesse ; et, dans cette expression, il y a certitude et véracité. Dans vos protestations, au contraire, il y a le langage emprunté d'un homme qui est monté sur une scène où il se sent dé-placé, mais où il faut bien qu'il parle convenablement à son rôle.

Pardonnez, Monsieur, si je révèle toute la contrainte de votre situation, Si vous étiez seul à en souffrir, je n'aurais aucun droit d'y porter la lumière; mais l'usage que vous faites de vos talens et de votre influence, retarde l'union des Français, compromet par conséquent le sort de la France; car, dans l'état d'accablement où tant de désastres l'ont réduite, il n'y a plus pour elle de temps à perdre, ni d'épreuves à tenter; elle ne peut plus se relever, se fortifier, que par la paix et l'union.

Vos ouvrages, Monsieur, sont dans le domaine public; et ils donnent des bases certaines au jugement que l'on cherche à porter sur vos idées réelles, sur vos prin-cipes, sur vos véritables dispositions. Dans votre jeunesse, vous avez débuté, comme presque tous les écrivains de la même époque, par un ouvrage de philosophie très-exaltée ; vous avez invoqué, avec une ardeur extrême, tous les changemens que sollicitaient, d'une voix unanime, les hommes d'un caractère généreux, et les hommes d'un esprit éclairé.

Comme vous étiez éminemment doué de cet esprit et de ce caractère, la philosophie ne pouvait avoir fait sur vous une impression fugitive ; une fois maîtresse des âmes fortes, c'est pour toujours ; mais, dans votre ardeur inconsidérée, dans votre ardeur de jeune homme, vous aviez dépassé la mesure des vœux que la Philosophie autorise ; votre impatience d'obtenir les grands changemens religieux et politiques était devenue impétueuse, audacieuse, révolutionnaire. Si, à l'époque où vous écriviez, avec tant de fougue et d'imprudence, en faveur de la liberté, ou même de la démocratie, vous aviez habité la France, qui aurait pu répondre de votre sagesse ! que d'ambitieux expérimentés, que de méchans froids et habiles se seraient hâtés d'enlacer un jeune homme de si grande espérance , et l'auraient peut-être entraîné sur les lignes les plus fatales, en abusant de son inexpérience et de sa candeur !

Absent de votre patrie, vous eûtes le bonheur d'échapper à ce danger effroyable; mais bientôt votre âme, vive et noble, succomba à un autre danger auquel du moins un homme de bien pouvait céder en conservant l'honneur et l'innocence.

La révolution marche; un grand intérêt la guide et la presse : c'est l'intérêt de la liberté et de la vérité ; un intérêt ardent lui résiste et la repousse : c'est celui des vieilles opinions, des vieilles habitudes, d'une prescription longue et abusive. Le combat s'engage ; de part et d'autre on s'émeut, on s'irrite ; tous les malheurs commencent ; tous les crimes se commettent; la France entière est un séjour de douleur et d'horreur.

Votre âme s'indigne ; elle recule, et avec la précipitation d'une vertueuse épou-

yante; le sentiment l'emporte au-delà de
ce qui serait approuvé par la raison.

C'est ainsi que votre exaltation, dans le
sens libéral, dans le sens du siècle, est rem-
placée par une exaltation anti-philosophi-
que, mais moins forte, moins franche,
moins conséquente, parce que les idées
vers lesquelles cette seconde exaltation vous
ramène, ne plaisent point à votre réflexion.

De cette combinaison entre des sentimens estimables, mais irréfléchis, et une
philosophie vraie, mais intimidée, se compose en vous un ordre de pensées brillan-
tes, honorables et fausses. Vous écrivez le
Génie du Christianisme, ouvrage d'un
Poëte qui, manifestement, n'est plus Chrétien. La Foi, qui est tout le Christianisme,
vous est devenue étrangère; vous n'en par-
lez pas; ce n'est plus qu'aux artistes et aux
imaginations vives que vous présentez la
Religion chrétienne comme belle et recom-
mandable; et vous avez même oublié que
l'esprit de cette religion est essentielle-

ment l'austérité, l'humilité, l'obscurité ; ce qui est l'opposé de toute poésie.

Votre ouvrage acquiert, dès son apparition, une célébrité prodigieuse ; et cette exaltation de suffrages, dont vous ne découvrez point la cause, vous retient vous-même, vous affermit dans l'égarement de l'exaltation.

Que témoignent ces hommages extraordinaires rendus au Génie du Christianisme ? que les excès des mouvemens révolutionnaires ont imprimé, à tous les hommes sensibles et honnêtes, un effroi semblable à celui qui vous a saisi. Cet effroi, impulsion vive, mais, à son tour, excessive, inconsidérée, et, pour cette raison, passagère, a mis passagèrement votre ouvrage en concordance avec les dispositions générales ; c'est-à-dire qu'en France, et même en Europe, on est généralement ramené, comme vous, vers une combinaison incohérente, inconséquente, du Christianisme et de la Philosophie ; on se rattache, par l'inclination la plus honorable, la plus sociale, à la belle morale de l'Évangile; mais on délaisse le dogme; comme vous, on se borne à être philosophiquement et poétiquement Chrétien.

Un homme puissant et habile préside, en ce moment, aux destins de la France; il a pour principe de prendre les hommes tels qu'ils sont, avec leurs opinions, leurs passions actuelles, et de les faire entrer, soit de gré, soit de force, dans le faisceau politique dont il veut composer son pouvoir.

Une telle marche de gouvernement vous séduit et vous rassure; vous rentrez en France; vous venez offrir au Chef de l'État, vos talens, l'influence que vous avez acquise, l'ouvrage même qui vous la procure; il accepte tous vos genres d'hommages; vous l'employez à votre sort, à votre renommée; il vous emploie à son édifice. Votre reconnaissance, votre admiration, votre espoir, tous vos sentimens s'expriment avec ardeur, et dans de solennelles occasions.

Et votre espoir est encore de maintenir les esprits, en France, dans cette disposition bizarre, singulière, qui se compose de tous les contrastes. Encouragé par un succès qui retentit sur tous les points de la terre civilisée, et trop flatté d'un tel éclat pour ne pas croire à sa permanence, vous redoublez d'enthousiasme et de courage; vous formez un projet à la fois chrétien et poétique; vous entreprenez un voyage dont le but est de rassembler les monumens de la religion sainte et ceux du paganisme; vous allez visiter les ruines de Jérusalem et les débris d'Athènes; d'une main également satisfaite vous puisez dans les eaux du Jourdain, et dans la coupe d'Alcibiade; d'une âme également pénétrée, vous vous prosternez sur les pierres du Saint Sépulcre, et sur le tombeau de Léonidas.

A votre retour, vous mettez de nouveau en scène, et en mélange, l'histoire sacrée et la mythologie profane; mais c'est alors que commence, pour vous, une épreuve cruelle; pendant les années, assez nom-

breuses, que vous avez passées à voyager
dans des lieux doublement célèbres, et
ensuite à composer votre nouvel ouvrage,
les idées publiques ont déjà éprouvé un
changement considérable; la réflexion et
la raison les ont déjà fortement ramenées
de cet état d'exaltation et de sophisme,
vers lequel elles s'étaient précipitées par
réaction contre la démence révolutionnaire; votre composition des *Martyrs*,
quoique supérieure, par le plan et par le
style, à votre Génie du Christianisme, et
quoique fastueusement annoncée, n'est
cependant accueillie qu'avec défaveur; le
temps des paradoxes touche à son terme;
un critique célèbre, en réprouvant, d'une
manière sanglante, les pensées et les rap-
prochemens qui forment la substance de
ce que vos amis appellent un poëme, ne
fait qu'exprimer avec esprit le jugement
des hommes éclairés et des hommes de
goût. Si, à cette même époque, votre Génie du Christianisme avait paru pour la
première fois, il aurait subi une censure

encore plus désolante ; il était venu dans le temps opportun ; et si, au contraire, votre roman des *Martyrs* eut paru au siècle d'Attala, que d'acclamations se seraient fait entendre ! mais, au moment de son apparition, le siècle d'Attala, ou de la piété érotique, était déjà bien loin de nous.

Cette expérience vous porte sans doute à réfléchir sur la direction fausse de la ligne que vous avez prise ; votre imagination retient sa fécondité naturelle ; votre raison médite ; votre plume se repose.

Bientôt, d'ailleurs, les événemens se précipitent ; l'Europe s'ébranle ; Napoléon tombe du trône ; c'est alors que commence pour vous un grand rôle politique, et je me hâte d'en rappeler le plus noble moment. L'homme qui, dans son extrême jeunesse, s'était montré le défenseur exagéré des principes révolutionnaires, qui, ensuite, s'était attaché, comme par expiation, à des idées imprégnées de préjugés antiques, était revenu, en 1814, au terme

BIBLIOTHÈQUE ROYALE

2

qui attend tous les esprits bien faits, au
terme de la raison et de la justice ; il pu-
bliait, avec l'auguste approbation du Roi,
des *réflexions* pleines de sagesse ; il don-
nait, aux hommes moins éclairés que lui,
des conseils d'une excellente philosophie ;
aujourd'hui, il décore pompeusement ces
hommes du nom exclusif d'*hommes monarchiques;* alors, il les invitait, sans em-
phase, sans mouvemens oratoires, à mettre
leur principale dignité dans le calme de leur
conduite, à confondre leur existence dans
celle de la nation entière, à abandonner
leurs anciennes et inutiles prétentions. Il
ne leur disait pas : formez un parti; tracez
autour de vous une enceinte sacrée; ren-
dez-la impénétrable à l'esprit du siècle,
soyez fermes dans toutes les doctrines et
toutes les habitudes de vos ancêtres; exi-
gez impérieusement le retour de leurs anciens droits; en un mot, pour ressaisir la
toute-puissance sur un peuple aujourd'hui
très-éclairé, restez dans l'ignorance; et
pour redevenir les Maîtres d'un peuple

très-actif, soyez *immobiles*. Il leur représentait, au contraire, que, toutes les classes du peuple français avaient participé aux bienfaits de l'instruction, de la civilisation, de l'industrie; ce qui n'avait laissé entre les hommes que les distinctions personnelles; qu'ainsi, l'égalité politique était devenue un Fait général, une nécessité désormais invincible; que la Constitution représentative, fruit immédiat de l'égalité politique, ne tendait à l'assurer, à la régler, que parce qu'elle-même en tirait son origine; que cette Constitution d'ailleurs était la seule forme de gouvernement qui, en consacrant l'extinction des priviléges, pût remplacer l'équilibre des classes par l'équilibre des pouvoirs; qu'il fallait, au plutôt, se rallier autour du Prince qui avait proclamé cette Constitution à la fois libérale et monarchique; que les pensées de ce sage Monarque, en harmonie parfaite avec les besoins du peuple et les vœux de l'opinion, devaient servir de guide aux sentimens de ses vrais serviteurs, et de ralliement à tous ses sujets.

Telles furent, Monsieur, les pensées vraies, conciliantes, élevées, que, vers la fin de 1814, vous développâtes avec talent et franchise; elles démontrèrent que votre âme était profondément et décidément conquise par cet esprit du siècle, par cette Philosophie libérale et pacifique, qui invite toutes les idées à la modération, et tous les hommes à la concorde; les Français judicieux et éclairés s'honorèrent de vous voir à leur tête; les *hommes monarchiques*, les hommes *immobiles*, ne furent point satisfaits.

Et malgré vos avis et vos craintes, les opinions, les passions, les importunités, en un mot, *l'activité* funeste de ces hommes *immobiles* n'eut que trop d'influence. C'est elle, je l'ai dit sans détour, et l'histoire le dira plus clairement encore, c'est elle qui amena la journée du 20 mars, et ses suites déplorables.

La responsabilité cruelle de tant de calamités ne pèsera jamais sur vous, Monsieur ; mais, voici ce que je ne crains pas d'ajouter ; l'impartialité m'autorise à être véridique : à dater du mois de juillet 1815, vous n'avez plus paru, aux yeux des Français, qu'animé de projets, de désirs, d'une ambition, qui vous ont jeté dans les routes les plus fausses, les plus funestes, et qui ont flétri vos talens, votre influence, en les faisant servir au renouvellement de nos dangers, et au prolongement de nos dissensions. Une telle assertion demande quelques détails.

Le 20 mars 1814, entraîné, par votre amour pour le Roi, à le suivre dans sa retraite, vous êtes distingué par sa confiance ; Sa Majesté vous admet à ses conseils ; vous vous montrez digne de cet honneur par votre zèle et votre sagesse ; là, vous êtes encore patriote et Philosophe, parce que rien encore ne résiste à vos vœux personnels. Ces vœux, très-légitimes, vous portent au Ministère ; nul homme généreux, dans votre position, ne se serait abstenu d'un si noble désir ; mais bientôt vous éprouvez qu'il ne peut être satisfait ; il est écarté, dès la rentrée du Roi, par bien des circonstances ou des considérations, dont il ne nous appartient point de pénétrer la nature. Un nouveau Ministère se compose, et vous n'y êtes point admis ; quelques élémens de ce Ministère vous autorisent à donner des formes pathétiques à l'expression de vos mécomptes intérieurs ; et comme la chute de quelques-uns, au moins, des nouveaux Ministres, est facilement indiquée à votre prévoyance ; votre espoir se ranime, vous vous mettez sur les rangs.

C'est alors que, pour arriver, vous examinez quelles sont les routes qui pourront le mieux vous conduire ; il ne s'en montre qu'une : c'est la route féodale et sacerdotale ; elle ne convient point à vos pensées, car vous êtes éclairé et Philosophe ; mais elle convient à vos engagemens et à vos relations ; d'ailleurs elle est la seule ; la route philosophique est occupée; l'ambition vous interdit d'hésiter.

Qu'est-ce que l'ambition? c'est le Tyran de l'honneur, de la raison et de la justice. L'ambitieux est le plus esclave des hommes; car, avant d'avoir usurpé la domination à laquelle il aspire, il est contraint de s'asservir à toutes les opinions, à toutes les passions même, de ceux qui doivent l'élever; cela est vrai surtout des ambitieux qui sont réduits à des moyens politiques; il y a plus de force, par conséquent plus de franchise, dans la marche des ambitieux soldats.

Il est aisé de voir, Monsieur, à votre style, et au caractère particulier de tous vos écrits, que, depuis 1815, la paix intérieure et la véracité ont cessé de vous appartenir. Devenu chef, ou du moins organe principal d'un parti, dont le but, les opinions, les espérances, sont repoussées par votre conviction personnelle, vous êtes contraint de substituer, dans votre langage, le sophisme à la raison, les divaga-

(24)

tions à la méthode, l'emportement à la
chaleur, les grands mots à l'éloquence.
De chacune de vos phrases à celle qui la
suit, incohérence ou même contradiction;
entre chacune de vos expressions et le sentiment qu'elle déguise, voile beaucoup trop
transparent; vous avez secrètement pitié de
l'aveuglement des hommes dont vous van-
tez le plus fastueusement *l'habileté* et les
lumières; vous faites sans cesse un appel
oratoire aux idées religieuses, et ce que
vous ranimez, ce n'est pas le dogme, ce
n'est pas le culte, ce n'est point la foi:
toutes ces bases réelles et uniques de la
religion ne sont fondées ou rétablies que
par l'exemple; ce que vous excitez de toute
votre ardeur, ce sont les intérêts, ce sont
les passions des hommes qui croient à la
religion, et, encore plus, des hommes qui
feignent d'y croire. Un chef de parti sans
conviction personnelle, sans enthousiasme,
peut-il prendre autre chose à son service
que les intérêts et les passions?

Cependant, Monsieur, où allez-vous?

quel terme attendez-vous? Supposons que, par un caprice déplorable ; la fortune se tourne quelques instans vers cette mi- norité d'*immobiles*, sur laquelle vous ap- pelez si vivement sa confiance et ses fa- veurs : vous voilà au faîte de la puissance ; mais la Fortune, en vous secondant, ne vous a point rendu insensé ni aveugle ; vous connaissez le Peuple Français ; vous connaissez l'esprit du siècle ; vous savez, avec certitude, de quel côté se trouvent réellement, et en immense majorité, *la raison, les talens, le nombre*, et même *l'habileté*; dès le lendemain de votre élé- vation, vous obéissez, et à toutes vos pen- sées intérieures, et au soin pressant de vous *conserver*. Vous apprenez aux *im- mobiles* que vous n'avez plus besoin de leurs secours, et que c'est désormais sans ironie que vous leur recommandez l'*im- mobilité*.

Mais on ne se joue pas impunément des passions et de l'amour-propre, pas même de la bonne-foi et de la candeur.

Parmi les hommes que vous auriez entraî-
nés à vous soutenir, ceux qui, trompés
par vos paroles, auraient cru voir en vous
l'apôtre sincère des dogmes religieux et de
toutes les institutions antiques, vous ac-
cableraient d'anathêmes, lorsqu'ils ne ver-
raient plus en vous qu'un Philosophe dé-
guisé : leurs vertus même pourraient bien
porter leur indignation jusques au fana-
tisme.

Et ceux dont vous n'auriez trompé que
les intérêts et les espérances, ne mettraient
vraisemblablement ni loyauté ni mesure
dans leurs accusations et leurs ressenti-
mens. Ainsi vous seriez précipité par vos
anciens sectateurs, bien long-temps avant
d'avoir pu demander un appui aux ardens
sectateurs de la raison et de la philosophie ; ceux-ci n'auraient poussé que des
cris de révolte depuis l'instant de votre
élévation.

Monsieur, c'en est fait : le Peuple Français est désormais à l'abri de tout prestige ;
il sait ce qu'il veut ; il sait ce qu'il lui faut ;

et il sait aussi juger les intentions, les pensées, le caractère des hommes qui se chargent de le conduire, Quiconque n'est pas franchement à la raison et à la liberté, n'est pas à lui; il suffit aujourd'hui d'un mot absurde, ou d'une prétention féodale, pour perdre sa confiance; or, la révolution ne peut finir que lorsque le Peuple Français se confiera sans réserve à tous les chefs de son gouvernement. Cet heureux abandon existe aujourd'hui avec plénitude, par conséquent avec justice; car il est bon de le dire encore, le Peuple Français, si plein de pénétration, de sagacité, a eu, depuis 1814, tant de moyens d'observer les hommes qui, dès cette époque, se sont mis en évidence, que, dans son jugement sur leurs dispositions, il ne peut plus se tromper.

En 1815, et pendant la plus grande partie de 1816, rien n'était malheureusement plus facile, plus naturel, que les préventions de la majorité des Français contre les chefs du gouvernement. Grâces aux événemens les plus désastreux, la force presque tout entière était portée du côté de la déraison et des vengeances. Les hommes, patriotes et sages, que le Roi avait appelés à ses conseils, étaient sans cesse contraints de ménager la tyrannie contre-révolutionnaire, de lui faire des concessions, contre lesquelles leur âme était secrètement la première à se révolter; et il fallait qu'il se laissassent, eux-mêmes, accuser de dureté et de tyrannie ! Ils étaient dans l'obligation cruelle de déguiser leur marche salutaire, et, pour ainsi-dire, de conspirer, à l'ombre du trône, pour le salut du trône et de la liberté !

Le succès de cette grande et patriotique conspiration ne commença que le 5 septembre; ce fut, sans doute, une belle et importante victoire; mais elle ne fût point définitive, et elle ne pouvait l'être : c'est ce que l'on ne saurait trop révéler aux patriotes impatiens qui, depuis cette journée même, ont continué d'accuser le Ministère. La victoire du 5 septembre n'était remportée que par la hardiesse politique, et non par la force matérielle; ce qui est très-différent.

Dans les temps ordinaires même, les gouvernemens ne commandent sans résistance, que lorsqu'ils disposent d'une bonne armée, et que leurs finances sont en bon état; dans les temps de crise, c'est précisément de l'argent et des soldats qui leur manquent; c'est de plus, parce que l'ensemble du peuple est divisé, c'est parce que les deux moitiés de la génération sont en guerre d'intérêts, et en guerre d'opinions, que la crise existe.

Aussi, dans une société déchirée, la première chose à faire, quand on le peut, est de pénétrer tous les hommes ardens de l'enthousiasme militaire, et d'en faire des soldats. Alors on commence par soumettre à l'ordre et à la discipline les passions même les plus violentes, et ensuite, de ce corps formidable et obéissant, on fait un instrument énergique de répression et d'obéissance. C'est ainsi seulement

que les Ministres de Louis XVI auraient
pu prévenir les secousses de la révolution.
C'est ainsi seulement que Napoléon ferma
le gouffre de l'anarchie.

Mais, chez un même peuple, les grandes
choses ne se font pas deux fois, surtout à
une petite distance l'une de l'autre. Lorsque
Napoléon saisit en France la puissance
publique, de grandes armées étaient déjà
formées, aguerries ; il ne fit qu'en augmen-
ter la force, en les précipitant sur le ter-
ritoire des peuples voisins ; et en les me-
nant partout à la victoire.

En 1815, la situation de la France était
dévenue entièremeut opposée ; les Peuples
Européens, vainqueurs à leur tour, et ré-
cemment éclairés par une leçon terrible,
prenaient avec vigueur une précaution importante ; ils mettaient le Gouvernement
Français dans l'impossibilité de lever une
armée formidable ; ce n'était qu'à cette
condition, négative et impérieuse, que
leurs Souverains signaient la paix.

Le Gouvernement Français restait ainsi

dépourvu du premier nerf de la puissance : et cela au moment où toutes les préten- tions , long-temps évanouies ou suspen- dues, se relevaient avec violence, où toutes les opinions abandonnées feignaient de reprendre du crédit, et se précipitaient, sous forme de prétextes , en avant de la cupidité, de l'amour-propre, de la ven- geance, de toutes les fureurs. Comment, dans un tel état, remporter brusquement une victoire définitive? Sur qui, et avec quoi? Certainement aujourd'hui, la grande majorité des hommes forts et ardens ap- partient à la cause de la Philosophie et de la Monarchie constitutionnelle; mais il n'en était pas ainsi à la suite immé- diate des fautes et des revers de Napoléon. Tout ce qui s'approchait des idées libé- rales excitait, dans un grand nombre d'hommes naturellement libéraux, une sombre défiance; ils se jetaient, contre le gré même de leur raison, vers les idées opposées; le retour entier des anciennes institutions leur causait peu de frayeur; il a fallu que ce retour fût essayé, pour qu'ils sentissent à quel degré d'oppression et d'humiliation on allait les reconduire. Ce ne sont point, Monsieur, les Écrivains constitutionnels et philosophes qui ont ruiné votre cause ; c'est votre parti lui-même ; et aujourd'hui votre *Conservateur* l'achève. Il s'est établi, entre vous tous, une émulation d'exigeance, de menaces, d'insultes, de déclamations, qui a assumé, sur *vous et vos amis,* une masse énorme de répulsion, et, ce qui est plus cruel, plus flétrissant, de pitié et de ridicule. Celui-ci n'est jamais plus grand que lorsqu'il dérive du faste des prétentions comparées avec l'infirmité des moyens. Un parti qui, pour signaler sa valeur, s'est chargé de *conserver* tout ce qui n'est plus, de *détruire* tout ce qui existe ; un parti qui se proclame *le plus fort* et *le plus habile,* à l'instant même où il échoue ; un parti qui assure que *de son côté se trouvent la raison, les talens, le nombre,* et qui ne sait pas s'en servir ; un parti qui *n'ayant à combattre qu'une ombre,* disparaît néanmoins devant elle; un parti enfin *qui dispose de l'opinion de la majorité de la France,* qui affirme *que l'on a besoin de lui, qu'il n'a besoin de personne,* et qui, en conséquence, se constitue *immobile,* un parti si merveilleux, si conséquent, si imposant, n'est-il pas, en politique, une sorte de caricature?

Ne vous abusez pas, Monsieur; telle est la forme sous laquelle il se présente aujourd'hui à l'opinion; mais je me hâte de dire que l'opinion ne compose ce parti que de ce qui se montre, de ce qui déclame, de ce qui se remue. Le titre d'*immobiles,* que vous avez maintenant gâté, n'en convient pas moins à un grand nombre d'hommes estimables, dont la constance d'opinions et de sentimens est le caractère, qui pensent encore ce qu'ils ont toujours pensé, qui aiment encore ce qu'ils ont toujours aimé; mais qui, bien loin de concourir au succès d'intentions factieuses, ne demandent, en qualité de vrais Chrétiens, que d'être laissés paisiblement à leur foi, à leurs principes, et de pouvoir mériter, par leur humilité, leur obscurité, leur charité, les récompenses célestes. De tels hommes, modèles de l'humanité, et profondément respectés des Philosophes, ne se mêlent ni de révolution, ni de contre-révolution; ils se bornent à donner autour d'eux de pieuses consolations, et de vertueux exemples.

Les hommes *monarchiques* et *immobiles*, dont on s'est défié, que l'on a redoutés, que l'on ne redoute plus, sont ceux que vous avez mis en recommandation et en lumière, et qui, depuis 1814, se sont mis vivement en action pour étouffer, à leur profit, la liberté publique; ceux-là ont fait la vogue instantanée du *Conservateur;* et ne concluez pas de là que leur nombre soit bien considérable; le *Conservateur* a eu sans doute beaucoup de lecteurs, beaucoup plus même que vous ne pensez; et c'est à vous surtout, Monsieur, que j'aime à donner cette information flatteuse; car ce sont vos articles surtout qui l'ont fait rechercher avec avidité; indépendamment de l'attrait qui s'attache si justement à tout ce qui est revêtu de votre style, un motif plus pressant encore a fait courir vers tout ce que vous avez produit; il est peu de libéraux qui n'aient voulu connaître vos projets, vos espérances, et jusques au dépit que devaient vous causer la chute de vos espérances et de vos projets. Dans l'incertitude, l'inquiétude même qui viennent de nous agiter, une telle connaissance nous aidait à fixer nos vœux et à diriger notre attente; nous observions votre contenance, Monsieur, non pour l'admirer, encore moins pour l'imiter, mais pour y chercher l'indice des dangers que pouvaient courir la liberté constitutionnelle et la tranquillité publique. Ce n'est pas qu'à nos yeux, le triomphe de votre parti pût jamais avoir quelque durée; mais un seul jour de ce triomphe ne se présentait à notre imagination que comme devant être immédiatement suivi d'une fermentation générale, de secousses violentes, et peut-être d'une nouvelle invasion des peuples étrangers.

Tout ce tumulte de perplexités et de craintes est enfin terminé; et la violence même de notre agitation en a avancé l'issue, a contribué même à faire, de cette issue rapide, un succès national, un succès éclatant. Vos espérances, vos tentatives, ont fourni à l'opinion publique l'occasion de se prononcer avec une vigueur que vous étiez loin d'attendre; grâces à vos derniers efforts, la révolution nationale, la révolution du siècle, n'a jamais marché plus franchement et plus vite. Voici les mouvemens qui l'ont si fortement favorisée.

L'ancien Ministère s'est divisé, non de principes (tous les Ministres étaient Royalistes Constitutionnels), mais d'opinion sur la situation actuelle des choses et des esprits. Quelques-uns se sont effrayés du progrès trop rapide, en apparence, des sentimens démocratiques; ils ont cru qu'il fallait en retenir l'essor; ils n'ont pas assez vu que les signes d'excès qui se sont montrés dans la manifestation de ces sentimens, étaient principalement le fruit de l'irritation causée par les déclamations, les menaces, les insultes des hommes prétendus monarchiques; et quoiqu'ils n'eussent avec ceux-ci aucune pensée commune, ils les ont involontairement flattés de quelques espérances, par cela seul qu'ils ont montré quelque défiance contre les projets et la puissance de ceux que vous nommez *indépendans*. A l'instant une grande agitation a commencé; les hommes prétendus monarchiques ont eu l'imprudence de prendre le ton le plus hostile; relisez, Monsieur, les pages que vous avez placées dans la dixième et la douzième livraisons du *Conservateur*, faites cette lecture avec impartialité, comme si ces pages étaient, pour vous, d'une main étrangère, et vous concevrez l'effrayante rumeur qui devait en résulter.

Au même instant, le *correspondant*

privé de vos *hommes monarchiques*, le *Conservateur* Anglais, le *New-Times*, s'exprimait ainsi, en s'occupant des affaires de France :

« Il semble que le Gouvernement a pris
» la résolution de marcher toujours dans
» *le même sentier d'iniquité*; car, comme
» pour donner une indice des mesures aux-
» quelles on doit s'attendre de sa part, il
   vient de confier le ministère des finances
» à un nommé Roy, acquéreur notoire. Or,
» *un acquéreur, dans le sens notoire du*
» *mot français*, *et généralement par-*
» *lant*, *est un misérable sans probité et*
» *sans principes.* »

A l'apparition d'un tel manifeste, ré-sumé naïf de tous les vôtres, la concilia-tion, la modération même, devenaient impossibles; l'étendard de la contre-révo-lution, l'étendard de 1815 était déployé; il fallait le suivre, ou se porter vers l'éten-dard populaire; le premier parti était im-possible. Composer entièrement le Minis-tère, l'administration, le Gouvernement de *vous* et de *vos amis*, c'était provoquer à l'instant une tempête effroyable ; on peut être certain qu'aucun homme d'état ne songea un seul instant à l'affronter.

On essaya un parti moyen ; on appela au Ministère, et des hommes d'un grand talent que votre parti indiquait, et des hommes chers au peuple, M. Cuvier, par exemple, si justement renommé par son étonnante capacité, son immense savoir, son caractère patient et ferme, et l'appui éloquent qu'il a donné à la loi des élections.

Cette transaction fut loin de suffire pour apaiser la fermentation et dissiper les alarmes ; et les hommes désignés pour le Ministère, refusèrent eux-mêmes de se prêter à une association qui bientôt, exemple de discorde, en serait devenue le foyer.

Il fallut donc recourir à une composition entièrement nationale et homogène ; et toute l'anxiété publique n'était provenue que du retard de cette grande détermination ; c'est ce qui devint évident aussitôt qu'elle fut annoncée ; car elle fut accueillie par les plus nombreuses et les plus sincères acclamations. Elle dissipa l'orage.

C'est ainsi, Monsieur, que la mémorable journée du 5 septembre a reçu son complément, si long-temps attendu, si désirable, si nécessaire ; et c'est le Ministre même qui avait eu le plus d'influence sur ce grand acte politique, qui en a amené la consommation : c'est lui encore que le Roi a chargé d'en assurer paisiblement les résultats. Ainsi l'émancipation constitutionnelle de la France est principalement confiée aux soins d'un homme qui sait, quand il le faut, imprimer des mouvemens hardis, et, afin d'en assurer le succès, ne les soutenir qu'avec ménagemens et prudence. Cette combinaison du courage et de la sagesse, de la fermeté et du calme, de l'audace de jeune homme avec la patience de l'homme éprouvé, ce caractère, si convenable aux Français, est ce qui leur donne, en ce moment, les plus heureuses espérances. Certains désormais

que tous les Ministres sont profondément
dévoués au Roi et à la Patrie, qu'ils ont
tous les mêmes intentions, les mêmes
vues, les mêmes principes, que la liberté
publique est fortement résolue par le Roi,
puisque la composition de son Ministère
est l'expression vivante de sa pensée, les
Français se reposent enfin dans l'amour
et la confiance. Leurs droits sont assurés;
leurs devoirs, par conséquent, vont être
doux et faciles : obéir avec noblesse, agir
avec franchise, demander avec respect,
attendre avec déférence, telles sont déjà
leurs dispositions sociales. Ils savent que
la liberté politique n'est autre chose que
l'ordre public, et que l'ordre public, dans
un État civilisé, a, pour premier moyen
d'action et de conservation, la Royauté
héréditaire ; ils consacrent cette grande
pensée par leur conviction profonde; ils
sont tous aujourd'hui de véritables hommes monarchiques, car ils veulent que le
Roi commande, que les Ministres exécu-
tent, que la Constitution les dirige, que

l'opinion publique affermisse la Constitution, que les Chambres expriment l'opinion publique, et qu'enfin, il n'y ait plus
en France qu'une volonté sans partage,
et une action sans résistance, afin que les
Souverains de l'Europe, ne pouvant plus
douter de notre union et de notre force,
s'affermissent dans la résolution généreuse
de respecter notre indépendance.